JN440267

눈물을 두고 왔다

이진욱 시집

시인동네 시인선 062

이진욱 시집

눈물을 두고 왔다

시인동네

시인의 말

탯줄을 끊으면서부터
혼자라는 걸
그 외로움을 온전히 견뎌내야 한다는 걸
알았다.

구름을 헤집고 나온 노을과
곡기를 끊은 노인이 앉아 있는 빈농의 저녁
평범해 보일 뿐이지만
나는 그냥 끔찍했다.

막막하지만, 거기서부터가 시작이었다.

나의 상처는 대체로 긍정적으로 이루어졌다.

2016년 7월
이진욱

차례

제2부

제3부

제4부

제1부

프로골퍼

아폴로 14호 셰퍼드 선장은
달 표면에 내려서기 전
6번 아이언과 골프공을 챙겨
착륙했다고 한다

그때부터 달 표면에 흠이 생겼다

쌍화차에 보름달이 두 개나 뜨던 날

벌교와 고흥을 잇던 27번 옛 지방도가
4차선으로 확장된 뒤
다시는 흙먼지가 일지 않았다.
울창했던 메타세쿼이아도 시름시름 사람들을 앓기 시작했다.

경운기는 점점 천덕꾸러기가 되어갔다.
소문보다 먼저 도착한 복덕방에는 외간여자들이 빼곡하게 들러 앉아 화투짝을 만졌다.
청년들은 밤늦도록 색싯집을 기웃거렸지만 누구도 탓하지 않았다.
쌍화차에 보름달이 두 개나 뜨던 날
당신 생에는 없던 거드름과 악수한 종백부 손이 종일 다방 레지 치마 속을 들락거렸고
군수보다 바쁜 이장 얼굴엔 개기름이 번들거렸다.
개발(開發)은 개발도 땀나게 할 만큼
누구나에게 기회가 되었지만
정작 섭섭하게 땅문서를 넘긴 아버지는 끝내 머리를 싸매고 누웠고

팔자에도 없는 자책을 밤새 늘어놓았다.

팔 땅도
떠날 수도 없는 사람들만 오래도록 입을 닫고 살았다.
침묵은 영원히 돈이 되지 않았다.

황천 간다

황천의 주소지를 궁금해 한 적이 있다
어떤 이는 서둘러 갔고
또 어떤 이는 입구에서 주저하다 돌아왔고
생각보다 늦게 가기도 했고
또 누구는 죽어도 안 가려고 발버둥 쳤던 황천

사는 게 퍽퍽, 하냐고 누군가 옆구리를 찌를 때
황천에 한번 다녀와야겠다고 생각한 적이 있다
언젠가 가야 할 곳이라면
꼭 한번 다녀오고 싶었던,
이승에는 없고 구천을 떠돈 뒤에나 만날 수 있다던
그 황천이
섬진강 근처 어디쯤에 있다는 풍문을 들었다

황천은 멀었다
태양은 지루하도록 서서히 기울었다
버스는 하품보다 느리게 황톳길을 기고 있었다
벚꽃이 지는지 하루가 지는지

걸쭉한 농지거리에 아낙들은 꽃물이 들고
산이 산을 낳든 말든
강물이 강물을 낳든 말든
고개를 주억거리면서도 숨결만큼은 놓치지 않겠다는 듯
노인은 연신 마른 지팡이에 호흡을 얹고 있었다
아아, 그때 알았다
황천 가는 길은
황혼보다 높고 깊은 마을로의 소풍이었음을

언젠가 꼭 한번 다녀오고 싶었던 황천(黃川)은
무릉보다 가까운,
멀지 않은 곳에 있었다

눈물을 두고 왔다

챙겨야 할 것보다 버려야 할 것이 많을 때가 있다
그런 날은 지갑 속 부적도 위로가 되지 못한다

책상과 서랍장과 냉장고가 실려 나가는 동안
바닥에 떨어진 업무일지를 바람이 빠르게 읽고 지나갔다
깨알처럼 빼곡히 적힌 대출금 상환일과
수첩 사이에서 눈치만 살피던 각종 고지서들이
시, 위, 하, 듯, 창밖으로 몸을 던졌다

입들의 시간에게 자갈을 물리고 싶었지만
나는 너무 가벼웠고, 무거웠으며
시차에 적응하기엔 지구의 자전은 너무 빨랐다
융통한 시간의 기록들을 막을 길이 없었다

내려놓아야 할 것들을 내려놓지 못한,
실수(失手)가 실소(失笑)를 부르는 날의 연속이었다
빈 가방 속에 빈 가망을 쑤셔 넣으며
주인 없는 슬픈 표정을 바닥에 고이 내려놓았다

챙겨야 할 것이 눈물뿐인 정리는
누구에게나 있다, 그래서 삶은 공평하다
막 싹을 틔우기 시작한 창틀 봉숭아 화분에 눈물 몇 점 뿌려주고
시, 위, 하, 듯,
부도난 거래처 장부를 접어 창밖으로 날려 보냈다

칡꽃

첨탑을 타고 오르는 칡넝쿨
끝이 보이지 않는다

자신이 무모한 줄 모르고
고압에 닿을 때까지
사력을 다해 기어오른다

사랑을 위한 등정이라면
말리고 싶다
저긴, 너무 위험한 길이다

꽃을 피우기 위해 몇 볼트의 벼락이 필요할까

뿌리에서 멀어져
더 아찔한,

칡꽃

곡우

문간에 삽을 기대놓고 장에 간 아버지
삽자루가 땅속으로 꺼져 들어가도록 돌아오지 않고
옆집 염소 울음소리만 애절하다

배가 고파도 참아가며
툇마루에 걸터앉아
바람에 떨어진 감또개를 보다가
감나무 속으로 줄지어 들어가는 기러기 떼나 헤아렸다

외등 하나 켜놓고 책 위에서 졸다 깨기를 반복했지만
발자국은 지척에서도 들리지 않고
달에서는 공깃밥 냄새가 나는 듯했다
구울 것 하나 없는 집에서
뱃속이 먼저 구워졌다

삽자루를 바라보며
애꿎은 아궁이 깊숙이 불만 밀어 넣었다

빚

꽁무니에 붙어 졸졸 따라온 녀석

깊숙이 넣어도 고개를 쳐든다 곤혹스럽다 달래보고 도망가고 몸을 숨겨도 어느새 옆에 붙어 있다 가끔 밀치기도 하고 목을 조여 오기도 한다 발버둥 쳐도 떼어낼 수 없다 처음엔 주머니에 쏙 들어오던 녀석은 빠르게 몸집이 커졌다 통제가 안 됐다 항상 눈을 부라렸다 달래면 잠시 잠잠하다가 또 나타났다 폭력은 매우 합법적으로 이뤄졌고 공권력은 늘 멀리 있었다 밥 먹을 때도 잠잘 때도 내 곁에 앉아 서서히 목을 조였다 점점 권력이 되어갔다 녀석의 존재 이유였다

날마다 싸움이 벌어지는 집이 늘어났다 어떤 사람은 옥상에서 떨어져 바닥이 되었고 물속으로 숨는 사람도 있었다 경계를 떠나는 이도 있지만 더 많은 사람들이 가장자리로 파고들었다 녀석은 기하급수적으로 늘어났다 뒷골목에선 죽여달라고 했고 실제 칼부림이 나기도 했다 녀석에 의해 지워지는 자들이 빠르게 늘었다 이유 없이 술에 취해 시비를 걸었다 매일 구인광고 신문을 뒤적였다 복권방에는 초점 잃은 눈동자들이 불을 켰다 그들의 철학은 한 방이었다 해는 항상

짧았고 월말은 서둘러 찾아왔다
나도 점점 맷집이 좋아졌다

민들레 보살

용문사 은행나무 아래
천년 그늘을 뒤집어쓴 채
화석이 되어가고 있는
민들레를 보았다

하얗게 센 머리로
가만히
은행나무의 지렛대가 되어주고 있다

다시 천년이 와도
떠나지 않을 태세로
말뚝을 박고 있다

산댁*

산댁, 삼만 원만 더 채 줄라요?
그라문 오만 원잉께 돌아오는 장날 갚을티요잉
요샌 왜 이라고 징글징글한지 몰것쏘

남중국해 난류를 타고 참깨가 흘러 들어왔다
수입된 공기는 마을 우듬지를 덮고 느티나무도 덮었다
시원찮은 벌이에 낡은 집을 포도시 동여매고
사나흘 꼴로 급전을 융통하러 오던 산댁
다 탄 깻묵을 젊어진 허리는 꺾인 채 바닥을 헤맸다
재래식 통에서 흘러나오는 말간 참기름
그건 눈물이었다
느티나무에 미끈한 올가미를 걸어두고
그늘 속으로 들어간 산댁
남은 건 동전과 지전 몇 장뿐이었다

---

* 산댁: 사돈댁의 전라도 사투리.

송곳이 운다

1

천마산 2번지에 젖은 그가 있다 가끔 아랫말에 다녀오곤 했던 일용직 노총각 석 달 전 연탄가스를 들이켰다 그것마저 뜻대로 되지 않았다 반년 가까이 받지 못한 급여는 조선족 동거녀의 등을 돌리게 했다 구급차가 마을 입구까지 왔다 말라가는 그를 봤다는 사람도 있다 그의 외투들도 헐렁해졌다 내려가는 것이 유일한 꿈이었지만 잠들지 못했다

2

집주인이 목청을 높이고 갔다 아랫말 지하 PC방으로 숨어든 아이들은 눈치가 빠르게 늘어갔다 공기가 차가워질수록 튕겨 나가는 횟수가 늘었다 눈매는 날카롭게 변해갔다 아이들은 그늘진 벽으로 숨었다 얼굴에 초승달 무늬 하나씩 가지고 있다 못이 되었다 구부러진 아이들도 있었지만, 머리를 맞아가며 집으로 들어가곤 했다

3

마을에 구름이 걸렸다 축축해진 날이 많아질수록 얼음장

이 되었다 인내는 쥐어보지 못한 통장 잔액과 비례했다 그럴 때마다 싸움이 끊이질 않았다 뾰족한 비가 종일 마을을 두드렸다 좁은 곳으로 누군가 왔다 젖은 가슴을 안고 살아가는 사람 사이

나도 눈물 한 알 품고 있다

박하사탕

눈에서 박하사탕 향기가 난다

이따금 앞서 간 외할머니를 만나고 왔는지
아무 일 없듯 돌아오곤 했던 어머니

섣달그믐
어머니가 갑자기 사라졌다
식구들은 술래가 되어 골목을 두드렸지만
못 본 척 어둠이 깔린 거리엔 속 모르는 눈만 내렸다
바람은 발자국을 지우고 귓속으로 파고들어 울음이 되었다
잡고 또 잡아도 집을 나갔고
그때마다 나의 본능은 발보다 먼저 골목을 헤맸다

영등포역 모퉁이 쓰러질 듯 서 있는 고흥식당
희미한 간판 아래 앉아 있던 어머니
식당주인이 건네줬을 사탕을 물고 있다
문틈으로 나오는 온기에 의지한 채
모여드는 눈송이를 올려보고 있다

슬리퍼 한 짝과 집으로 돌아오는 길을 흘리고
하얗게 사탕이 되었던 어머니

골목 안에 향이 가득했다

다른 건 잘 몰라도

멸치젓을 담급니다
소금을 한 줌씩 뿌리며
항아리 속으로 당신도 반 정도 담가봅니다
개중 한 마리 건져 맛을 보며
다른 건 잘 몰라도
젓갈은 천일염으로 꾹꾹 눌러야 한다고 중얼거립니다

다른 건 몰라도
소금은 넉넉히 버무려야 한다고,
밀봉도 야무지게 해야 한다고,
항아리에 차곡차곡 담가야 한다고 합니다

다른 건 모른다는 건
비로소 채비가 되었다는 것
그건 모든 걸 알고 있다는 깊은 말
영님*해야 한다는 것과 누군가에게 화석이 되어야 한다는 것입니다
얼마나 만졌는지 지문에 피어난 소금꽃

그러고도 사람은 적당히 싱거워야 한다는 당신
그 앞에선 알았다는 말조차 쉬 할 수 없습니다

간이 배도록 여태 만져준 손
발효된다는 것은 안으로 간이 스며든다는 것입니다
다른 건 잘 몰라도

---

* 영님: 똑똑히, 야무지게의 전라도 사투리.

데프콘

갓 싹을 틔운 호박 떡잎
병뚜껑을 뒤집어쓰고 있다
머리보다 커다란 투구를 쓴 어린 병정이다

아파트 화단 맥문동과 철쭉 사이에서 발아한 떡잎
임무는 뿌리를 내려 진지를 구축하는 것
전쟁터 같은 수목 사이에서 대박을 꿈꿨지만
떡잎은 전술을 펼치기도 전에 투구에 갇혀 버둥대고 있다

나무와 나무 사이는 말랑해
지나가는 되새 소리에도 꽉 찬 화단에서
수시로 불어오는 바람을 버텨냈다
달가워지는 햇빛에 순응하면서
잠시 철쭉의 그늘에서 흔들리기도 했지만
금 가기 쉬운 아랫도리는 흙을 밟으며 적응 중이다

여리고 조금은 서툰 어린 병정의 투구를 가만히 벗겼다
눈에 밟혔던 떡잎이 순간 온몸으로 기립하였다

지금은 작은 것들 편에 서야 하는 이 계절

봄이라고 했다

동행

아내와 사별한 친구와 밤새 술잔 속을 걸었다

차박차박 내리는 비가
깊은 잔을 채우는 소리만큼 가까웠다

비는 눈물을 가리고
빗소리는 울음을 먹었다

목련꽃 아래 친구 머리가 하얗게 셌다

제2부

시작(詩作)

늘 일정한 거리를 유지해 오던
산벚나무가 어느 날
내 가슴속으로 성큼 뛰어 들어왔다

그때부터
산벚나무와 두근거리는 사이가 되었다

드라이버의 꿈

한때 힘으로 세상을 평정하려 한 적이 있다
누구보다 잘 나갈 수 있을 거라 믿었기에
무너지지 않는 축을 몸속에 감춰두고 있었다

무작정 깃대만 바라보던 근시안을 날리고
오직 하나의 방향을 꿈꾸고 싶었지만
그린은 거대한 벽이었고, 거리는 너무 멀었다
내가 들어가 편히 쉴 수 있는 홀은
세상 어디에도 없었다

지구에 뿌리를 내리고도 매일 흔들렸고
흔들림 속에서 나는
힘만으론 아무것도 잡을 수 없다는 것을 알았다
꿈은 힘이 될 수 있지만
힘은 꿈이 될 수 없었다

나의 절반을 버리고서야
흔들리는 중심을 잡고 홀을 바라볼 수 있었다

그러나 나는 안다
여전히 높고 요원한 거리에 깃대는 꽂혀 있지만
언젠간 저 홀컵 속에 꽃이 피리라는 것을

아직 완벽한 비행은 오지 않았다

Blue moon

포스터가 찢기고 낙서 된 벽 위에
얼굴을 내민 달
팔과 다리를 걸치고 고개를 내민 채 지워져 간다
눈먼 하늘만 지켜볼 뿐
아무 말도 하지 않는다

온전한 문장을 보여주지 못한 이유도 묻지 않는다

꽃대가 꺾인 마른 국화와 유효기간이 지난 새벽만 주위에 쌓여 있다

한때 이 길목을 지배했던 것은 어둠
길과 하늘이 시작되고 열리지 않을 것 같았던 새벽의 경계에서
서랍들이 하나 둘 열렸던 곳

그래,
작은 몸속에 큰 숲을 간직했던 시절이 있었다

다시 벽에 기대어 푸른 달을 바라본다

가슴속엔 아직 푸른 심장이 뛴다

---

*Blue moon: 덩굴장미의 한 종류.

각색을 하다

몸 일부를 다듬는 것은
왼쪽 발톱을 짧게 깎는 일
어느 정도 깎아내야 걸음이 유연해지고
속눈썹에 힘을 줄 수 있는 것

심장이 뜨거워 호흡이 되지 않고
보이지 않는 것과 만질 수 없는 것을
노루*에서 뽑아내는 것으로 부족할 때
몇 장의 대본을 첨삭하고 북 찢어야 매듭이 지워진다
어제를 지워도 텅 빈 오늘이 낯선 얼굴로 바라본다

처음 탯줄을 자를 때 몰랐던
고르디우스 매듭**처럼 엉킨 날들을
풀어내는 방법을 지난밤 알았다면
이렇게 아프지 않았을 텐데

서툴러 상처밖에 줄 수 없었던 어제에게 사과한다

아주 가끔 말이 안 되는 일을 이해하는 것과 뻔한 결과를 받아들여야 하는 것은

게임의 하나일 뿐이라고 되뇐다

새로운 광장을 만난다는 것은

끼워 넣는 것보다 비워내는 일이다

각색은 내일 읽을 길이 떠오르는 것이다

---

*노루: 용광로에서 불순물을 뽑아낸다는 뜻의 은어.

**고르디우스 매듭: 알렉산더가 칼로 끊었다는 매듭.

희곡을 기다리다

1

어둠이 납작하게 내린 날

모서리에서 동선이 스멀스멀 움직이기 시작했어 늙은 배우는 처음부터 피곤함에 절어 있었어 행동이 느려지는 순간 효과음은 아래쪽에 모로 세웠어 쉰 목에서 나오는 대사는 푹 삶아졌어 꿈틀대는 거친 숨결도 그렸어

2

중간 즈음 언덕도 하나 만들었어 그곳에 사는 소년의 눈동자를 세밀하게 써내려갔어 조명은 절정이 막 지날 때 F. I* 됐어

아- 조금 늦었어

아무 대사도 못 쓰겠는데 배우들은 나만 보고 있어

Staff도 관객도 극장 경비도

3

*오늘밤에는 못 오지만 내일은 꼭 오겠다고 전해 달랍니다***

라는 말을 소년은 늙은 배우를 향해 중얼거리고 있었어

4

사실, 내가 틀렸든 부족했든 모두 비웃었어 막이 내린 뒤 늙은 배우가 원고지에서 튀어나왔어 소년은 상기된 얼굴로 눈치만 봤어 끌고 가지 못할 희곡을 쓴 내 탓이라고 원고지 속에서 웅성거렸어 자판도 창문도 천정도 눈이 빠질 듯 아팠고 귓속은 윙윙거렸어

조용히 해 제발!

5

파쇄기로 밀려 들어간 늙은 배우는 잘려나갔어 준비 없는 무대에 그림을 그린다고 나만 호들갑을 떨었어

소년의 중얼거린 말은 나에게 했던 것이었어

6

난 지금도 비상구를 찾아 꺼진 모니터 안에서 우두커니 기다렸어 먼지 쌓인 무대처럼

---

*페이드인 F. I(Fade-In): 무대가 차츰 밝아지는 것, 용명(溶明).

**사무엘 베케트의 희곡 『고도를 기다리며』 중 소년 대사 인용.

뱀

멀리, 오래 가기 위해
내 스스로 다리를 잘라 버렸다

11월

눈물 한 방울 만들지 못하면서

사람과 사람 사이에

나는 서 있다

그 사람의 모노드라마

아들이 서둘러 퇴장하자
절정을 끝으로 며느리도 등장하지 않았다

주연으로 주목받고 싶었지만
오디션 탈락 후 길고양이가 된 뒤
무대보다 큰집을 드나들었다
스포트라이트가 꺼진 무대, 조명이라는 감각을 잃었다

희미한 별빛을 당겨 무대를 밝힌 눈동자와 블로킹*이 좁아
진 막과 막 사이

출연료는 줄었지만, 기약 없는 캐스팅을 위해
표정은 초조하게 덧칠하고 그늘은 겹쳐 입었다
아무도 보지 않는 결말의 커튼콜은 눈꺼풀로 준비했다

대본의 쪽마다 거친 밑줄들이 흘러내렸고
음향도 없는 극장에 독백만 늙어갔다
하나씩 지워진 곳에서 마련한 쫑파티

늙마의 바닥을 갖고 싶었지만
가득한 한기 때문에 움직일 수 없었다
매번 극장을 열어보지만 빈 포스터만 바람에 뒹굴었다

유효기간이 지난 바닥에
끝나지 않은 드라마가 한 편 누워 있다

---

*블로킹(Blocking): 배우의 무대 행동선.

현실주의 한 편

블록 위에 제대로 서 있기 위해
무대 위에 이름 석 자를 올린다
대본은 숨을 쉬기 때문에 노인이나 절룩이는 소년으로 살게 한다

조명이 꺼진 무대는 깃발 없는 혁명 같은 것

즉흥극, 부조리극, 사이코드라마 간혹 희극, 비극도 광장 밑바닥에서 파닥인다
막이 오르고 내릴 때마다 태어나는 명암

오른쪽에서 등장하거나 왼쪽으로 퇴장할 때도 극은 항상 진행된다

낯익은 무대보다 큰 모습으로 있는 광장 한편
극적인 생각은 단상보다 높은 곳에서 춤춘다
단을 넘어가던 장미는 가시에 찔려 붉은 비명으로 핀다

나를 끌고 왔던 긴장과 밀어줬던 불안도 등 뒤에서 보면
가시인 것

무대에 세운 각보다 아래쪽에 그린 그림이 복잡했고
좀 더 현실에 가까운 대사를 내뱉었지만
그것들이 매번 이해되었던 것은 아니다

밥 먹는 것, 자는 것, 입는 것, 우는 것, 싸는 것, 거짓인 것
과 다른 것
이 공간에서 내기는 늘 져야 하는 것인데
나라고 쓰지도 읽지도 못하는데
하느냐 마느냐는
마지막 질문에 끝내지 못한 공연이 흔들린다

피카디리

피카디리는 나의 친구였고 애인이었고 둥지였다
피카디리는 나의 원초적 본능이었고
피카디리는 나의 위험한 정사였고
피카디리는 나의 터미네이터였고
피카디리는 나의 영웅본색이었고
피카디리는 나의 서편제였고
피카디리는 나의 흐르는 강물처럼
피카디리는 나의 1급수 쉬리였다
피카디리는 나의 다정한 일기였고
피카디리는 나의 지상의 밤이었고
피카디리는 나의 비터문이었고
피카디리는 나의 파수병이었고
피카디리는 나의 여왕 마고였으며
피카디리는 나의 세 가지 색 레드, 블루, 화이트였지만
피카디리는 나의 천국보다 낯선
피카디리는 나의 추락이었고
피카디리는 나의 저수지의 개였다
피카디리는 나의 겨울 이야기였으며

피카디리는 나의 크리스마스 악몽이었으며
피카디리는 나의 죽음의 귀여운 배열이었으며
피카디리는 나의 4월의 유혹이었으며
피카디리는 나의 장미 같은 열정이었지만
피카디리는 나는 여전히 넘버 3였고
피카디리는 나의 다시 돌아가고 싶은 내 청춘의 종점이었고
피카디리는 나의 태양의 제국이었다

모항

태풍이 올라온다는 예보에
벽에 넣어 두었던 바다가 보고 싶어졌다
밀물을 움켜쥐었을 서쪽 그 바다

해안은 이미 초라한 살림
바람은 날카로운 호흡으로 방파제를 눕혔다
생채기가 생길수록
어선들은 둥글게 부여잡고
들썩이며 어깨를 떨었지만
이곳엔 태풍만 있는 것이 아니었다

섬의 길목에서 유혹했던 남동풍 따라
대폿잔에 별을 담아 오신 아버지
그 발자국을 뒤밟아
어머니는 하루같이 물질을 했고
한 소쿠리씩 검버섯을 캐 왔다
처녀 같은 바다는 어느 틈엔가 주름에 쌓였다

경계는 시간을 덧바르며 가장자리부터 아물고
다시 어린 바다를 출산했다

깊은 주름 사이로 밀물이 들어왔다

---

*모항: 격포 부근에 있는 조그마한 항구.

마누라 氏

뭔가 낌새가 이상하다
마누라에게 남자가 생긴 것 같다
누군가와 마주 볼 때면 미소를 짓다가도
내가 볼라치면 짐짓 딴청을 부리는 것이 뭔가 수상하다
어제는 외투가 바뀌었고
오늘은 머리 모양이 바뀌었다
어쩌면 내일은 보톡스를 맞고 쌍꺼풀 수술을 할지 모른다
오늘밤 마누라는 또 홈쇼핑에 빠져들 것이다
차츰 먼발치 여인이 되어가는
마누라의 최근 근황을 유추해보자면
어쩌면 나는 대충 먹고 남은 음식처럼 치워질지 모른다
점점 의부각시와 살아가고 있다는 느낌
하마보다 불룩해진 뱃살을 부여잡고
반성할까 말까 고민하다 잠든 날
꿈속에서 어디선가 보았던 낯익은 여자에게
잘 지내셨어요?
인사를 하고 돌아섰는데
아뿔싸, 마누라 氏다

면역력

너에게서 멀어지려고

뒤란 감나무에서 덤으로 태양을 얻었고
부엌 앞에 놓인 우물은 몇 번의 펌프질에 울컥 그리움을 토했다
방에 붙어 있던 부적은 누군가의 따뜻한 배경이었다
도배를 하고 바람 소리 몇 구절을 들여놓았다

봄에는 밭을 얼갈이하고 호박 고추 상추를 심고
닭과 오리도 몇 마리 풀었다
문득 귀에 익은 발소리가 찾아오면
푸성귀 뜯어 한 상 내줄 요량이었다

너에게서 멀어지려고

슬픈 사람이 걸어갔다

종일 비가 내렸다
안쪽은 안쪽대로 바깥은 바깥대로 지워지고 있었다

안팎이란 하나이면서 둘인 것
한 사람이 걸어간 길을 또 한 사람이 걸어갔듯
며칠째 같은 길 입구에서
나는 비를 맞았다

무관심은 얼마나 무책임한 짐승인가
거울보다 더 자주 어두워졌던
한 사람의 무게가 여러 계절을 헤매고 있을 때
등과 벽이 같은 종족이라는 걸 알았다
멀어서 겨우 가까워지거나
가까워서 쉽게 멀어진,
그런 날의 일기도에서는 늘 형용할 수 없는 비가 내렸다
빗속에서의 이별은 너무 부정적이므로
재촉하지 말자
아무것도 아니면서 모든 것이었던 계절

한 사람이 남겨놓은 빗방울 아래서
우산을 쓰기도 미안했다

슬픈 사람이 걸어간 길에서는
꽃도 피지 않았다

돌멩이

내 발에 걷어차이는 이것은 한때 지구의 심장이었다

제3부

똬리

돼지 한 마리쯤 거뜬히 머리에 이고 섬섬한 몸으로 자드락길 십 리를 가던 엄마. 물동이를 이고 올 때도 물 한 방울 흘리지 않았다. 그런 엄마를 볼 때마다 나는 우리 집에 사는 구렁이가 엄마를 지켜주는 거라 믿었다. 새참을 이고 논에 갈 때도 대파를 이고 새벽시장에 갈 때도 구렁이는 어김없이 엄마의 가마에 똬리를 틀었다. 그때마다 작달막하던 엄마의 키는 땅속으로 숨어들어 갔지만 생활은 좀처럼 나아지지 않았다. 똬리가 앉은 엄마의 정수리가 조금씩 투명해지는 것을 보고 나는 엄마가 허물을 벗는 줄 알았다.

각주

살아온 날이 수십 권 책이라며
글만 제대로 배웠다면 날밤을 새웠을 거라는 당신께
어떻게요? 라고
각주를 답니다

데설데설한 성격 따라 이날까지 온 것도 억울하고
남들 다 가는 동남아 여행은 관두더라도
쌍계사 벚꽃 구경도 못한 채 죽을 날만 기다린다며
큰아들 작은아들에게 수화기 너머 이야기 한 보따리 풀어
놓습니다
순풍순풍 자식 낳고 길러 놔도
서방 복 없는 년 자식 복도 없다 합니다
평생 울타리 밖도 못 나가보고 이렇게 죽는다며
또 한쪽 써내려 갑니다

아침나절에 나가 해가 꼭대기에 있는데
벌써 들어와 들들 볶는다고
마루에 앉아 구름 세던 영감님은

가지 말라는 경로당에 왜 자꾸 가느냐며 아옹다옹입니다
주말에 꽃구경 가자는 말에
묵은 책 한 권이 밝아집니다

그날 읽었던 각주는 검버섯이 쓴 자서전입니다

검은 콩

소반에 서리태를 쏟고 쭉정이를 고릅니다

뙤약볕에 타들어 간 콩
벌레에게 먹힌 콩
딱새에게 쪼여 반만 남은 콩
채 자라지 못하고 말라버린 콩
이슬처럼 단아한 콩

못난 콩이 눈에 먼저 들어온다고
침침해진 손으로 뒤집을 때마다 실한 콩은 달아나기 바빴습니다

콩을 고르다 문득,
며칠째 아랫목을 지키고 있는 아내가 눈에 들어왔습니다
콩꽃 같은 모습은 간데없고
호미에 이끌려 타버린 아내가
쭉정이처럼 누워 있습니다
물이 들지 않을 만큼 단단하던 저 몸속으로 나는 차마 들

어갈 수 없습니다
손댈 수 없을 만큼 푸석해져 버린 아내

내 손에 까만 물이 들도록 콩을 고릅니다
쭉정이라고 생각했던 콩도 함부로 버릴 수 없습니다
눈물이 까매지도록 고르고 또 고릅니다

씨앗의 정체

둘째야, 이거시 뭔 씬 줄 알것냐?

느그 아부지 약 해줄라고 받은 씬지, 밭에다 뿌릴 씬지 모르것다 이름을 써놔야 쓰끈디…

요샌 기억력도 가물거린당께

어머니에게 받아든 봉지 속에 한 움큼의 씨앗이 담겨 있다
콩보다 작고 깨보다는 조금 큰
약간 거무스름한 씨앗을 바라보는데
문득,
씨앗처럼 작아진 어머니가 저만큼 있다
서 있는 모습조차 마르고 작은 씨앗 같다

평생 뜨거운 땅을 뒤적이다 타버린 몸
저 작은 몸속에 품었던 깊은 강에서 내가 왔고
평생 수심 깊은 강을 손이 닳도록 건너왔다
봉지에 담긴 이 씨앗은
어머니를 위해 피워 드려야 할 꽃

살구꽃이어도 좋고
당신의 처녀를 돌려드릴 봉숭아꽃이어도 좋고
어느 봄날의 수선화가 되어도 좋겠는데
도통 씨앗의 정체를 알 길이 없어
고개를 갸우뚱거리는데

니도 모르것쟈?
냅둬라, 내년에 아무 밭에나 뿌려볼랑께

멸치가 왔다

멸치가 왔다.

뱃고동을 물어 나르는 갈매기 떼가 멸치잡이 배를 끌고 선창으로 들어오면 어머니의 멸치잡이는 시작되었다. 땡볕 몇 짐을 짊어져야 겨우 한 줌 얻을 수 있던 멸치, 곧고 멀쩡한 놈은 없었지만 등이 휘어가는 것은 멸치만이 아니었다. 한 놈이라도 더 줍기 위해 어머니는 짜디짠 목소리로 멸치는 불렀다. 비린내와 비늘을 빼고 나면 남는 건 한숨과 주름뿐인 선창가에서 어머니 홀로 눈부신 물결이 되었다.

멸치는
나의 가장 큰 후견인이었다.

마수

침 뱉은 돈을 머리카락에 비벼대며 엄마는
종일 재수가 좋을 거라고 했다

무정

남보다 먼 아버지였다.

단 한 번도 집 떠난 적 없지만 늘 밖이었던 아버지였다.

가진 것은 뒷짐뿐인

검불도 쥐지 못할 만큼 가벼운 아버지였다.

전부(全部)였으나 일부(一部)도 아니었던

세월만 필사하던 아버지였다.

그림자마저 점점 짧아져 희미해지던 아버지였다.

난생처음 아버지의 전화를 받았다. 여유가 되면 오십만 원만 빌려달라고, 엄마에게 보청기를 해줬으면 한다고, 너도 자식 키우느라 힘들 텐데 미안하다고, 가을쯤 갚는다고 했다. 오래전부터 깊고 깊은 달팽이관 속에서 헤매던 엄마였다. 뭔 말씀이냐고, 당장 보내드린다고, 더 필요하지 않으시냐고, 부자간에 뭘 갚느냐고, 부담 갖지 마시라고 했다. 수화기를 열 번은 더 들었다 놓았을 아버지의 무정한 손이 어깨 위에 얹혀지는 듯했다.

달팽이관 속에서 달팽이가 울었다.

전별금

아버지의 오지랖은 해가 지지 않았다.

광에서 꺼낸 고구마를 자전거에 싣고 서둘러 새벽길을 나섰다. 몇 집을 돌고 나면 아버지의 반나절이 후딱 접혔다. 점심나절 회관 지붕에서 왼쪽이 무겁던 안테나를 손봤고 그때마다 우리 논 나락은 타들어 갔다. 오후엔 영철 아재 혼사 문제로 중신아비와 돌아다녔다. 손에 쥔 것들 모두 나누어준 뒤 어둑해지면 동네 먼지란 먼지는 다 뒤집어쓰고 돌아왔다. 저녁 밥상 앞에서 곧 태어날 당숙네 강아지를 걱정했고, 내일 일찍 가볼 참이라고 했다. 덕분에 집안 대소사는 늘 어머니의 몫이었다. 면장보다 바쁜 아버지의 수첩엔 알 수 없는 동그라미가 넘쳐났다. 그때마다 쌀독은 비어 갔다. 마당가 우물이 바닥을 드러낸 날 우리는 영문도 모른 채 짐을 쌌고, 집을 쌌고, 고향을 쌌고, 추억을 쌌다. 오직 당산나무만이 푸른 그늘 한 짐 얹어주었다.

독을 만지다

어머니의 잔소리가
마당 모퉁이에 박힌 몇 개의 독에서 들려온다

제금*날 첫 세간은 귀 떨어진 항아리뿐
기반 잡을 때까지 보리쌀 서너 되는 넣을 수 있을 거라며
가난한 속곳에서 꾸깃꾸깃한 당신을 떼어줬다

매일같이 뚜껑을 다듬으셨고
손맛을 먹은 뚜껑은 자르르하게 변해갔다
함지박으로 달빛 부스러기를 건져 올리던 새벽
조바심을 정화수 한 사발로 살살 풀었던
그 시절 어머니는 항아리였다

부족한 쌀독도 되어보고 된장독도 되셨던
덜어주고 퍼주어도 만족해하시던 어머니
유독, 독 주변으로는 가지 않기를 바라셨고
난 빈 만큼 더 퍼 가려고 늘 독 주변을 맴돌았다

이맛살에 실 같은 줄이 생기고야 독을 감싼 금을 보았다
검게 탄 독에 다가가 만져도 보고 닦아도 보고
귀도 가까이 붙여 보았다

나는 어머니의 깨진 종지였다

---

* 제금: 분가의 전라도 사투리.

보리숭어

마을이 들썩인다 녀석들이 왔다
늙은 서방은 마이크를 들고 아낙들은 양동이를 잡는다
노인들은 굽은 허리를 달래며 잰걸음으로 온다

—허벌나게 거시기 해붕께 퍼뜩 준비혀쑈잉
—딱, 요때뿐잉께롱 후딱 챙기쑈잉

물살 튕기며 올라오는 팔뚝만 한 느낌표
갈마바람 타고 온 윤슬로 넘실거린다
평상 대야 싣고 냄비랑 뜰채는 먼지를 턴다
탁배기로 속 닦던 사람들 이날만큼은 향기를 담은 술로 달랜다
두엄 만들 때나 썼다는 개숭어*
두루뭉술 앉아 온 바다를 한 토막씩 혀에 올린다

보리가 설익은 밤 떠난 감나무 집 아지매
숭어가 올 즈음 돌아온다며 이슬을 밟았다
감나무 그늘이 곱절로 커가는 동안 늙은 서방은 숭어만 기

다렸다

—아따, 그랴도 니가 왔웅께 얼굴이나 볼라고 그라제 누가 찾관디

짬떼기**도 종일 마실 보내고
덜 여문 보릿대 머리카락 날리듯 풋내 뿜어낸다
숭어가 올 무렵 온다던 그 아지매

---

*개숭어: 보리숭어의 전라도 사투리.
**짬떼기: 엇박자의 전라도 사투리.

마중

아버지는 산 너머 당숙네 갔고
학교 간 형도 안 오고
배가 고파도 그냥 참고
쭈그려 앉아 개가 지나가면 개를 보고
구름이 흘러가면 구름을 세었다

차부*가 내려다보이는 팽나무에 올라
읍내로 난 길을 몇 번이고 바라봤지만
달그림자만 길게 다가왔다

기척을 기다렸지만
허기진 바람만 낯선 발소리처럼 들렸다
대문을 건드리는 모두가 엄마였지만
엄마가 너무 많아 무서웠고
그렇게 울다 잠드는 사이
민들레만 노란 등불을 켜고 있었다

---

*차부: 버스터미널.

고구마 순에 마음이 꺾이다

대청에 앉아 고구마 순을 벗기는 어머니
풀물이 손톱 밑에 들어앉았다
주름 같은 저 껍질을 모두 벗겨야 밥을 먹는데
지문 없는 손이 자꾸 미끄러졌다

채반에 수북이 쌓인 고구마 순
껍질 속에 감춰진 속살이 드러날 때마다
궁한 살림이 드러나는 것 같아
내 눈은 자꾸 시려왔지만

고구마 순을 벗길수록 어머니는 점점 투명해졌고
점점 말라 갔으며
집은 매일 껍질에 파묻혔다

아무것도 할 수 있는 게 없어서
가난한 저녁,
고구마 순에 마음이 꺾였다

삼재

올해는 특히 입 조심하고
여름엔 물을 겨울엔 친구와 돈을 조심하라고 했다
그날부터 신문을 볼 때는 오늘의 운세부터 읽었고
가끔 손금을 골똘히 들여다보는 버릇도 생겼다

달도 뜨지 않았다
귀갓길에 뭔가 빠뜨린 듯 불안한 날
삼재를 막는 몇 가지 방법을 궁리하다가 가오리연에 간지를 써 줄을 끊어 보내면서 문득,
주머니 깊숙이 든 궁핍한 지폐 몇 장으로 부적을 생각하기도 했다

출근길에 던진 지청구에 아직도 불어터져 있을 마누라를 생각하면서
얽힌 관계를 풀어줄 묘안으로 붕어빵 몇 개 사들고 귀가하다가
잘못 탄 버스에서 서둘러 내리다가 풀어놓은 붕어가
누군가의 따뜻한 저녁이 되길 바랐다

골목으로 들어선 순간 한 뼘만큼 핀 냉이꽃을 보고
아직 살아볼 만한 봄이라고……
나는 붕어처럼 웃었다

오늘의 사주(四柱)

귀갓길에 돼지고기 한 근 떼어 밥상 위에 올린 소박한 저녁이 오늘의 사주였다

제4부

시래기

낭창한 모습 다 버리고
처마 귀퉁이에서 찬바람 맞으며 울던,
울 엄마

봉숭아가 쓴 詩

작달비 다녀가신 뒤
자음과 모음 같은 꽃잎이 바닥에 떨어져 땅을 물들입니다

꽃잎에 앉은 물방울 속으로 참새 떼가 들어가고
늙은 참새가 내려앉은 슬레이트집 불빛 속으로 저녁연기 같은 사람도 들어옵니다
자신을 주름으로 묶은 남자는
하루를 버텨야 겨우 한 끼를 챙기고
오늘이라는 환부를 안고 가야 겨우 희미한 저녁이라도 얻을 수 있습니다

가만히 기다리지 못한 것은 눈물이며
작은 흔들림도 상처라고 생각했던 오늘
물방울이 사라질 걸 알면서도 꽃잎은 투명한 저물녘을 하나씩 보듬고 있습니다

봉숭아가 쓴 여러 겹의 연분홍 행간을 더 읽고 싶어
가지런히 손끝에 담으려다

꽃이 쓴 감정과 채색이 흐트러질까 싶어 더 다가설 수 없습니다

다만, 이 여린 꽃이 물방울을 꿰어 쓴 서정시를 다 읽으면 차마 눈물이 날 것 같아

가만히 묵례만 하였습니다

저수지 물이 울던 날

유독 단것을 좋아했던 계집애
해질녘이면 낯선 사내의 발소리로 가득 찼다
간혹 귀에 익은 발소리도 끼어 있곤 했다
눈썹이 까맣던 계집애
엿가락을 쥔 채 억새밭으로 끌려가곤 했다
숨소리는 귀뚜라미가 파먹었고
서툰 몸짓은 억새가 먼저 읽었다
산 사람을 제물로 받아먹는다는 저수지 주변이었다
신발짝이 떠오를 때까지
왜 저수지 물이 우는지 아무도 알지 못했다
작달비 오던 날이었다

고추꽃 피던 날

고추꽃 피던 날
온 동네 여자들이 벚꽃 구경을 갔다
작은 마을이
그날따라 더 고요해졌다

평생 매운 그늘 속에서 살던 여자들이 떠나고
고추꽃이
꽃인 줄 모르는 남자들만
잔뜩 독이 올랐다

봄맛에 데다

바람 속에 몸을 말고 어머니는
저수지 둑에서 봄을 담아 오곤 하였습니다
산야초 이름을 알면 함부로 밟을 수 없다며
햇나물 한 소쿠리씩 꺼내왔습니다

그런 며칠간 쌉쌀한 찬뿐이었지만
새 나물을 많이 먹어야 그해를 이겨내고
뒷날 다가올 쓴맛을 견딘다고도 하였습니다
쥐도 가출하던 시절이었습니다
그땐 몰랐습니다
씀바귀, 냉이가 가문 날의 양식이었다는 걸

학교로 향하던 이른 아침
마을로 이어진 비탈진 둑에서 냉이 달래를 캐고 있는 뒷모습이 가냘퍼 보였지만
그 위에 반짝이는 햇살이 어머니처럼 투명했습니다
배운 것이 없어 줄 것도 없다는
꾸부정한 몸에 새봄이 돋고 있었습니다

그날
달래 냉이는 응원하고 있던 것이었습니다
냉이꽃보다 먼저 핀 어머니

사전에서 냉이가 돋기 시작했습니다

눈물을 줍다

주름을 덮고 주무시는 아버지 등 뒤로 막걸리 병들이 뒹굴고 있다
쭉정이보다 더 마른 몸으로 콩 타작하던 늦가을
가뭄과 산짐승 밥으로 반 이상 빼앗기고
낮술을 수확하였나 보다

성성하던 몸에 어느새 가뭄이 들어
파스 몇 장에 의지한 채 모로 누워계신다
콩깍지처럼 까뒤집힐 때마다 새어 나오는 한숨이
검불보다 작게 몸을 오므린다
누워 계신 아버지를 찬찬히 바라보니
여름 하천 바닥보다 더 깊게 갈라진 발꿈치로 찰랑거리던 물도 빠져나갔을 것이다
마른 저수지처럼 가벼워진 아버지에게
너무, 가벼워서, 죄송한, 외투를 벗어 덮어주려다
검게 탄 목에 눌어붙은 소금알갱이들을 보았다

저 소금을 먹고 나는 서울로 갔지만

몇 해 동안 콩알만 한 밥그릇 하나 만들지 못한 채
버릴 수도 없는 시집 몇 권 들고 집으로 돌아와
나는 콩처럼 침묵했다

바짓가랑이에서 굴러 나온 콩알이 평상 아래로
툭,

눈물은 콩알보다 무겁다

아버지

아버지가 붓을 끌고 간다
몸과 팔을 곧추세우고 화선지 위에서 붓을 끌고 가지만
모처럼 나선 걸음이 자주 어긋난다
할아버지를 찾아가는 걸음에 이력이 붙었을 법한데
여전히 먹물과는 인연이 없는 아버지다

향로에서 피어오른 연기가
흘림체로 글을 쓴다
아버지의 붓도 향의 보폭에 맞춰 길을 간다
제 몸을 태워 글을 쓰는 향처럼
평생 아버지의 삶이 그랬다

다 쓴 지방을 어두운 하늘로 날리는 동안 검불처럼
액우(液雨)를 몰고 가는 구름에
아버지의 액운도 따라간다

보다 먼 답십리

비만 오면 천정은 한숨을 쏟아냈다 도저히 위로할 수 없던 한숨이었다 화려한 곰팡이들의 방문만 늘어났다 곰팡이보다 먼저 울고 곰팡이보다 먼저 젖었다 그런 날 나는 가벼운 부표처럼 장판 위로 떠올랐다 최대치의 생존을 향한 표류였다 방주는 보이지 않았다 나는 답 없는 의문부호처럼 끝없이 흔들렸다 눈치 빠른 물 먹은 뻐꾸기시계는 더 이상 날 위해 울어주지 않았다

꽃낙지*

삽자루를 움켜쥐고 부럿**을 파헤치면
몰락한 양반가 후손처럼 먹물 가득한 선비가
들어앉아 있다

속세를 버리고 폐허 속에 들어앉아
다시 촉을 펼칠 날만 기다리던 선비
꽃을 피우고 싶었지만
아무도 알아주지 않은 날에는 밤새 먹을 갈며
깊이 침잠하고 있다

이것은 차라리 아름다운 침묵
가끔 어둠 속에 혼자 사는 맛이 이런 것인가 보다

끌고 가는 것보다 가슴에 진 무게가 더 무거울 때,
사는 것보다 견디고 싶은 마음이 클 때,
나를 비웃듯 아침부터 비가 억수로 쏟아질 때,
더 깊이 아래로 침잠하는 것이 때론 가장 좋은 방법이라는
것을 알았다

어둠조차 들지 않는 구멍 속에서 눈물이 되어버린
몰락해도
몰락하지 않는 질긴 꽃

---

*꽃낙지: 가을 낙지를 나타내는 말.
**부럿: 낙지 구멍.

고욤나무 옛집

주인이 떠난 집에 바람이 들어앉자
먼지가 살림을 풀어놓았다

주인도 어찌하지 못하고 떠난 뒤 고욤나무는 지난 기억만 열매처럼 흩뿌렸다
온기가 꺼진 부엌 앞에 개망초가 터를 잡고
환삼덩굴은 칠월의 햇빛처럼 주인 없는 마당을 차지했다
돌담 위에 핀 나팔꽃이 먼 산만 바라보고 있다

그날 이후
고욤나무 허리에 묶였던 빨랫줄은 늘어지다 떨어졌고
온기가 차갑게 식은 호밋자루도 더 이상 손때를 그리워하지 않았다
해질녘 고욤나무는 늘어뜨린 그림자를
대문 손잡이에 살며시 올려보고
마당에 찍힌 신발 자국에도 들어앉아
싸늘하게 식은 집을 들여다보기도 하다가
저 혼자 밤을 맞이해야 한다는 걸 알았다

그때까지 밑동에 이끼가 쌓이는 걸 몰랐던 고욤나무는
눈물 같은
고욤을 또 툭, 떨어뜨렸다

명자

마누라 처가 가고 없는 사이
집 밖에서 울던 명자를 집으로 데려왔다
어르고 달래 품어주었더니
이내 잠잠해졌다

어릴 때 담 넘어 훔쳐보았던 명자
우리 마당을 기웃거리던 명자
얼굴만 붉히던 명자

곁을 조금 내줬을 뿐인데
어느새
내게 둥지를 틀었다

마누라 없는 집이 환해졌다
마누라보다 더 환해졌다

명자 2
—폐교에서

폐교 한 귀퉁이
먼지를 뒤집어쓴 명자가 울며 서 있다
눈물보다 가벼운 몸으로
쥐고 있던 봄을 툭, 떨어뜨린다

기다림만 피워 올리다가
툭툭 꽃잎을
각혈처럼 뱉고 있다

찬란한 봄이 사람을 외롭게 했던 것처럼
내 손길에서 잊힌 명자가
뒤란에서 울고 있다

늙은 목수의 꿈

대패는 아재의 밥
오전에는 황가의 삐걱대던 대문을 잡았고
돌아오는 길에는 연변댁 창틀에서 하루를 마감했다
뒷마을까지 목공으로 소문이 났던 아재
한때 대패는 명함이었고 거드름이었으며 때론 한 잔의 가락이 되기도 했다

어떤 날은
쎄액,
쎄액,
쎄 에액
목판이 잘 먹는다며 마당이 울도록 대패를 놀렸지만
야박한 삯을 안고 귀가하기도 했다
길 위에서 공칠 때가 많은 요즘
대포 한 잔으로 위안을 삼기도 했지만 굴곡진 저녁을 깎지는 못했다

선친은 목수 일만 배워두면 굶는 일 없을 거라 했다

좋은 날도 있어 대패 속에 여자 궁둥이를 들여앉힌 적도 있지만 점차

시류에 밀리고 동남아인들에게 튕기기 일쑤였다

대목장은커녕 대패를 벗어나지 못한 채 평생 손에 못만 박혔다

닳고 닳은 대팻날에 수십 채의 집이 지어졌지만

정작 아재의 집은 없고

손때와 지문만 희미하게 찍혀 있는 대패가 공구통에서 녹물을 흘리며 누워 있다

오동나무 관이 아재의 유일한 집이 될 판이었다

뱀딸기

너에게 건넸던 그 붉은 말들이
가시 사이에
거짓말처럼 박혀 있다

해설

다른 것은 몰라도, 시는, 시인은

김춘식(문학평론가 · 동국대 교수)

사람에게 고향이 있듯이, 어쩌면 이 세상 모든 사물과 사건들에는 각각의 기원이 있는 듯하다. 시작점, 혹은 기원, 때로는 뿌리였다가, 때로는 잘못 들어선 이 길의 모든 원점 같은 것이 세상에는 존재한다. 이진욱 시인의 시를 한 마디로 평가하면, 이런 "기원 혹은 원점을 바라보는 시선이 탁월하다"라는 것이다. 그의 시편에서는 애초에 잘못 되어버린 모든 일들도, 또 지금 힘들게 서 있는 자신을 간신히 버티게 하는 힘들도, 모두 저 '먼 곳' 어디에선가부터 시작되어 '지금, 여기'에 이른 것으로 나타난다.

이진욱의 시를 구성하는 심층에는 그래서 회고적이면서, 사물의 표면을 넘어서 저편의 기원을 바라보는 시선들이 자리 잡고 있다. 예를 들어, 다음과 같은 시 구절을 보자.

> 아폴로 14호 셰퍼드 선장은
> 달 표면에 내려서기 전
> 6번 아이언과 골프공을 챙겨
> 착륙했다고 한다
>
> 그때부터 달 표면에 흠이 생겼다
>
> —「프로골퍼」 전문

한때 프로골퍼였던 시인의 특이한 이력 때문에 각별히 이 시가 주목되는 것은 아니다. '달 표면에 흠'은 사실 전혀 다른 자연적인 생성 원인이나 우주적 기원을 지니고 있다. 그러나 시인은 이 흠이 '6번 아이언과 골프공' 때문에 생긴 것이라고 생각한다. 시인의 시적 상상력은 이렇게 인간의 어떤 행동이나 삶의 특정한 국면, 그리고 기억에 대한 알레고리를 '지금, 여기'의 모든 현실에 바로 연결시킨다. 즉, '지금, 여기'의 삶이란 시인이 기억하거나 상상하는 어떤 일들이 기원으로 작동하고 있는 '알레고리'에 해당한다. 그러니까 6번 아이언과 골프공은 달의 흠보다 훨씬 나중에 생긴 것임에도, 시인의 '연상' 속에서 그 둘의 순서는 서로 뒤바뀐다. 시인에게는 골프공의 흠이 달의 흠집보다 더 먼저 존재하는 기억이고 이미지이기 때문이다.

이런 일반적인 상식을 뒤집는 원인관계는 일종의 역설이면서 시 전체를 새로운 알레고리적인 이야기 구조 속으로 끌고 간다. 실제로 이진욱의 시는 이미지와 상상의 자연스러운 펼침이 아니라 재구성된 알레고리적 이야기를 상당히 많이 포함하고 있다. 그리고 이 점이 이진욱 시인을 이야기적 자질을 풍부하게 지닌 시인으로 만드는 이유이다.

> 벌교와 고흥을 잇던 27번 옛 지방도가
> 4차선으로 확장된 뒤
> 다시는 흙먼지가 일지 않았다.
> 울창했던 메타세쿼이아도 시름시름 사람들을 앓기 시작했다.
>
> 경운기는 점점 천덕꾸러기가 되어갔다.
> 소문보다 먼저 도착한 복덕방에는 외간여자들이 빼곡하게 들러 앉아 화투짝을 만졌다.
> 청년들은 밤늦도록 색싯집을 기웃거렸지만 누구도 탓하지 않았다.
> 쌍화차에 보름달이 두 개나 뜨던 날
> 당신 생에는 없던 거드름과 악수한 종백부 손이 종일 다방레지 치마 속을 들락거렸고
> 군수보다 바쁜 이장 얼굴엔 개기름이 번들거렸다.

개발(開發)은 개발도 땀나게 할 만큼
누구나에게 기회가 되었지만
정작 섭섭하게 땅문서를 넘긴 아버지는 끝내 머리를 싸매고 누웠고
팔자에도 없는 자책을 밤새 늘어놓았다.

팔 땅도
떠날 수도 없는 사람들만 오래도록 입을 닫고 살았다.
침묵은 영원히 돈이 되지 않았다.

—「쌍화차에 보름달이 두 개나 뜨던 날」 전문

어쩌면 이런 개발의 후유증에 대한 시편은 '사실주의적'이라는 평을 받을 수도 있을 것이다. 그러나 이 작품은 근대적 개발의 후유증을 사실적으로 그리면서 폭로하는 것이 아니라 그 개발의 진행과정을 하나의 기이한 이야기로 재구성하고 있는 작품이다.

1연의 "울창했던 메타세쿼이아도 시름시름 사람들을 앓기 시작했다"는 표현은 부조리한 징후이면서 마을에 전개될 불행의 전조 같은 것을 나타내는 구절이다. 이 시의 화자는 이 구절에서 자신을 이미 '이야기꾼'의 위치에 설정하고 있는 것이다. 실제로 이 시의 2연은 마을에 나타난 변화를 서술하고 있는데, 그 서술의 방식은 사건을 객관적으로 묘사하는

것이 아니라 심상치 않은 공기, 즉 '분위기 암시', '부조리한 사건들의 나열'로 이루어져 있다. 이 시는 정황이나 분위기가 병적일 뿐 아니라 마을 전체가 마치 부조리한 질병 혹은 돌림병을 앓고 있는 것처럼 느끼게 한다.

"쌍화차에 보름달이 두 개나 뜨던 날"이라는 표현은 하늘에 해가 두 개 뜨는 기이한 자연현상을 패러디한 것으로 장차 벌어질 마을의 불행을 암시한다. 시인은 의도적으로, '개발'이 일종의 역병처럼 '사람들을' 욕망에 홀리게 함으로써 마을을 부정이 탄 병적 장소로 만들고 있는 것으로, 이 시에서 그려낸다.

물론 이런 형태의 시적 화자는 이성복, 이하석 등 80년대 후반 시인들에게서도 종종 나타난다는 점에서 이진욱의 알레고리적 시풍이 전혀 새로운 것이라고 하기는 어려울 것이다. 그러나 2010년대 중반을 넘기는 시점에서 이진욱과 같은 알레고리스트로서의 시인의 등장은 자못 중요한 의미를 지닌다고 하겠다. 이야기꾼의 면모와 절제된 감정을 통해 시를 압축해낼 줄 아는 이진욱의 시풍은 상당히 많은 장점을 지니고 있다.

이미 앞에서 보았듯이, 자신이 겪은 일들을 하나의 이야기로 재구성하기 위해 단순히 스토리 차원의 변조만을 시도해서는 미학적으로 성공하기 어렵다. 성좌(이야기)를 구성하는 것은, 어쩌면 조각난 세상, 흩어진 기억을 한군데로 모아서

새로운 전체를 만드는 일에 해당하기 때문이다. 그렇기 때문에 알레고리는 단순한 사실들이나 과거의 기억만을 품지 않는다. 그 안에는 이야기꾼 혹은 시인의 미래적 관점이나 세계관이 동시에 담겨 있어야 하는 것이다. 알레고리적인 미학의 성패는 이 점에서 시인의 세계관이 얼마나 날카로울 수 있는가와 밀접한 관련을 지닌다.

이진욱 시인의 장점은 이 점에서 세계관 혹은 잡동사니로 흩어진 세상의 폐허를 하나로 묶어내는 '좋은 눈'에 있다고 판단된다. 알레고리스트의 가능성이란 어떤 식으로든 해체된 세상에 하나의 새로운 상을 만들어낸다는 점에 있을 것이다. 물론 그렇게 만들어진 세상이 하나의 '역설'이거나 '지옥의 풍경'일지라도 말이다.

> 챙겨야 할 것보다 버려야 할 것이 많을 때가 있다
> 그런 날은 지갑 속 부적도 위로가 되지 못한다
>
> 책상과 서랍장과 냉장고가 실려 나가는 동안
> 바닥에 떨어진 업무일지를 바람이 빠르게 읽고 지나갔다
> 깨알처럼 빼곡히 적힌 대출금 상환일과
> 수첩 사이에서 눈치만 살피던 각종 고지서들이
> 시, 위, 하, 듯, 창밖으로 몸을 던졌다

입들의 시간에게 자갈을 물리고 싶었지만
나는 너무 가벼웠고, 무거웠으며
시차에 적응하기엔 지구의 자전은 너무 빨랐다
융통한 시간의 기록들을 막을 길이 없었다

내려놓아야 할 것들을 내려놓지 못한,
실수(失手)가 실소(失笑)를 부르는 날의 연속이었다
빈 가방 속에 빈 가망을 쑤셔 넣으며
주인 없는 슬픈 표정을 바닥에 고이 내려놓았다

챙겨야 할 것이 눈물뿐인 정리는
누구에게나 있다, 그래서 삶은 공평하다
막 싹을 틔우기 시작한 창틀 봉숭아 화분에 눈물 몇 점
뿌려주고
시, 위, 하, 듯,
부도난 거래처 장부를 접어 창밖으로 날려 보냈다

—「눈물을 두고 왔다」 전문

밑줄 친 구절처럼 "챙겨야 할 것이 눈물뿐인 정리는/누구에게나 있다, 그래서 삶은 공평하다"라고 시인은 담담하게 말하고 있지만, 이런 담담함의 배후에는 '억울함'이 감추어져 있다. "시, 위, 하, 듯," 창밖으로 몸을 던지는 것들은 각종 고지서, 부도난 거래처 장부들이다. 어쩌면 대출금 상환일,

고지서, 부도난 장부는 단순한 물건이 아니라 그런 상황에 처해진 사람들의 비유일 수도 있다. 억울해서 "시, 위, 하, 듯," 창밖으로 몸을 던지는 일은 챙길 것이 하나도 남지 않은 '마지막 지점'에 그들이 이르렀음을 암시한다.

시인이 말하는 "챙겨야 할 것이 눈물뿐인 정리"는 어쩌면, "누구에게나 있다"고 할 수는 없을 것이다. "그래서 삶은 공평하다"라고 시인이 담담하게 말하는 것은 일종의 자기기만적인 '위로'이다. 그리고 이런 위로가 '위로'일 뿐이라는 것은 시인도 이미 알고 있다. "어쩌면 지금 벌어지는 이 일은 나만의 불행은 아니다"는 위로는 모든 실패자, 자본주의의 희생자들 사이에 나눠지는 동병상련이자 '감정의 연대'이다. 그러나 이런 공평함의 영역 밖에는 여전히 "시, 위, 하, 듯," 항거해야 할 자본과 욕망의 세계가 엄연히 존재하는 것이다.

시인이 이 시에서 선택한 '위로'로서의 눈물은 욕망의 구조 속에 뛰어들었다가 실패한 자신에 대한 조소를 포함하는 것이다. 눈물밖에 챙길 것이 없다는 말 속에는 '자신에 대한 징벌'을 스스로 인정하는 측면도 있는 듯하다. '당연히' 챙길 것이 눈물뿐인 정리를 받아들이는 것과 "시, 위, 하, 듯" 창밖으로 무엇인가를 날리는 행위는 시인의 양면적인 태도를 보여준다. '자기 조소와 위안' 그리고 '세상의 일그러진 구조에 대한 항변'이 이 시에는 동시에 나타난다.

이 작품과 연관이 있는 아래 인용한 「빛」이라는 작품에서 시인은 '돈'을 둘러싼 욕망의 구조와 그 속에 편입하는 자기 자신을 대상화하고 있는데, 이 시에서 화자는 '빚'이 숙명처럼 사람을 옥죄이는 과정을 아주 잘 그려내고 있다.

시적 주제 면에서 보면, 이진욱의 시는 대부분 개발, 돈, 일확천금 등 자본주의적 욕망이 순진한 사람들을 홀리고, 세상을 요지경으로 만드는 과정에 대한 강한 비판이 중심을 이루고 있다. 아버지, 어머니, 아내 등 농사를 업으로 삼는 사람들의 순박한 삶이 '인생의 고통과 정직한 가치'를 보여준다면, 그런 존재들에 가해지는 가혹한 시련이나 고통은 돈, 자본, 세상의 급격한 변화 등에 의해서 비롯된다.

> 꽁무니에 붙어 졸졸 따라온 녀석
>
> 깊숙이 넣어도 고개를 쳐든다 곤혹스럽다 달래보고 도망가고 몸을 숨겨도 어느새 옆에 붙어 있다 가끔 밀치기도 하고 목을 조여 오기도 한다 발버둥 쳐도 떼어낼 수 없다 처음엔 주머니에 쏙 들어오던 녀석은 빠르게 몸집이 커졌다 통제가 안 됐다 항상 눈을 부라렸다 달래면 잠시 잠잠하다가 또 나타났다 폭력은 매우 합법적으로 이뤄졌고 공권력은 늘 멀리 있었다 밥 먹을 때도 잠잘 때도 내 곁에 앉아 서서히 목을 조였다 점점 권력이 되어갔다 녀석의 존재 이유다.

날마다 싸움이 벌어지는 집이 늘어났다 어떤 사람은 옥상에서 떨어져 바닥이 되었고 물속으로 숨는 사람도 있었다 경계를 떠나는 이도 있지만 더 많은 사람들이 가장자리로 파고들었다 녀석은 계속 기하급수적으로 늘어났다 뒷골목에선 죽여 달라고 했고 실제 칼부림이 나기도 했다 녀석에 의해 지워지는 자들이 빠르게 늘었다 이유 없이 술에 취해 시비를 걸었다 매일 구인광고 신문을 뒤적였다 복권방에는 초점 잃은 눈동자들이 불을 켰다 그들의 철학은 한방이었다 해는 항상 짧았고 월말은 서둘러 찾아왔다

나도 점점 맷집이 좋아졌다

—「빚」 전문

위에 인용한 작품에서 '빚'은 이 세상 모든 사람을 유혹하고 타락시키고 집요하게 달라붙어 노예로 삼는 '절대권력' 같은 것으로 그려진다. 돈이 아니라 '빚'이라고 하는 점에서 이 권력은 '합법'이다. 2연에 묘사된 장면은 '지금, 여기'의 현실을 가장 리얼하게 보여주는 장면이 아니고 무엇인가. "그들의 철학은 한방이었다 해는 항상 짧았고 월말은 서둘러 찾아왔다"는 구절이 '우리'를 나타내는 가장 적절한 표현이라는 생각을 감출 수 없다면, 우리는 이미 '빚'이라는 권력에 시달리고 있는 것이다. 오늘날 대한민국 어디를 가도 볼

수 있는 이런 장면이, 왜, 끔찍하거나 문제적인 것으로 느껴지지 않는가. "나도 점점 맷집이 좋아졌다"는 구절처럼, 우리 모두 '맷집'이 좋아졌기 때문일까. '빚'에 익숙해짐으로써, 삶이 어떻게 황폐하게 변하는가를 이 시는 잘 보여준다. 그리고 그 '빚'의 뒤편에 어떤 권력과 폭력이 존재하는지를 이 시는 폭로한다.

이 시집에서 1부와 2부의 시편이 자본주의적인 만화경에 의해 낯설게 보이는 세상을 담고 있다면, 3부와 4부는 토속적이면서도 서정적인 시인의 언어적 장점을 유감없이 보여주는 작품이 주로 배치되어 있다. 이런 대조는 시인의 비판적인 시선과 동시에 내향적인 풍부한 감수성을 동시에 보여준다. 이처럼 1, 2부의 다소 풍자적이고 부조리한 알레고리가 여전히 언어적인 탄력성이나 시적 감수성에 기반하고 있는 것은 이진욱의 서정성의 탁월함과 언어적인 심미성 때문이다.

멸치젓을 담급니다
소금을 한 줌씩 뿌리며
항아리 속으로 당신도 반 정도 담가봅니다
개중 한 마리 건져 맛을 보며
다른 건 잘 몰라도
젓갈은 천일염으로 꾹꾹 눌러야 한다고 중얼거립니다

다른 건 몰라도
소금은 넉넉히 버무려야 한다고,
밀봉도 야무지게 해야 한다고,
항아리에 차곡차곡 담가야 한다고 합니다

다른 건 모른다는 건
비로소 채비가 되었다는 것
그건 모든 걸 알고 있다는 깊은 말
영님해야 한다는 것과 누군가에게 화석이 되어야 한다는 것입니다
얼마나 만졌는지 지문에 피어난 소금꽃
그러고도 사람은 적당히 싱거워야 한다는 당신
그 앞에선 알았다는 말조차 쉬 할 수 없습니다

간이 배도록 여태 만져준 손
발효된다는 것은 안으로 간이 스며든다는 것입니다
다른 건 잘 몰라도

—「다른 건 잘 몰라도」 전문

위 시의 밑줄 친 부분은 시인의 언어적 감수성이 남다르다는 것과 시적 진정성을 동시에 보여준다. 시인은 "다른 건 모른다"라는 말을 통해 그가 지향하고자 하는 세상에 대한 진정성을 이 시에서 자신의 화두로 제시하고 있다. 이 말은 표

현상 '완곡한' 고집에 해당된다. "다른 건 모른다"는 겸손이 오히려 "이것만은 확실히 안다"를 강조하기 위해 쓰임으로써, 이 말이 옹호하는 가치만큼은 절대로 양보할 수 없는 것이 된다. 시인이 이 말에 주목하고 있는 것은, 모든 것을 양보해도 절대로 내어줄 수 없는 어떤 가치, 그것에 대한 깨달음을 열망하기 때문이다. "비로소 채비가 되었다는 것/그건 모든 걸 알고 있다는 깊은 말"이라는 구절에서 보듯이, 시인이 구축하고 만드는 시적인 세계는 기본적으로 역설에 바탕을 둔다. '져주지만 지는 것이 아닌 것', '물러서지만 물러서는 것이 아닌 것', 그런 지혜와 경지에 대한 지향이 이 시에 나타난다.

이진욱 시인의 서정은 이 점에서 단순히 미적인 형태만을 지향하지는 않는다. 예를 들면, 「동행」, 「시작(詩作)」, 「뱀」 등의 짧은 시들을 보면, 언어적인 압축도 뛰어나지만 그 짧은 시 구절들이 함축하고 있는 알레고리 등이 탁월하다. "늘 일정한 거리를 유지해 오던/산벚나무가 어느 날/내 가슴속으로 성큼 뛰어 들어왔다//그때부터/산벚나무와 두근거리는 사이가 되었다"(「시작(詩作)」 전문)에서 보듯이, 사물(산벚나무)과 시인의 '교감'을 '두근거림'으로 나타내는 이 시는 표현도 좋지만, 시적 교감이 구원할 수 있는 세상에 대한 시인의 비전도 동시에 보여주는 것이다. 이밖에도 「봉숭아가 쓴 詩」, 「꽃낙지」, 「봄맛에 데다」 등의 작품은 시인의 체험적 지혜를 시적으로 승화해낸 대표적인 작품들이다.

체험을 통한 세계의 재구성은 아직 존재하지 않는 세계에 대한 열망을 언제나 포함한다. 최근 한국시의 다양성은 이런 재구성될 세계에 대한 비전을 생산하는 데 열중하고 있다고 할 수 있다. 이진욱은 이런 다양성 속에서 자신만의 독특한 지향을 지속적으로 발전시켜 나갈 많은 장점을 지니고 있고 기대를 받아 마땅한 시인이다.

그가 바라보는 기원은 언제나 육체 속에 각인된 삶과 되풀이 반복된 기억에서 시작되어 하나의 이야기로 엮어진다. 그가 시로 풀어내는 '이야기'의 맛이 무엇이 될지, 어떤 방향으로 발전되어 갈지는 좀 더 지켜봐야겠지만, 그가 이미 '뛰어난 시적 이야기꾼'이며 자신만의 시적 세계를 꾸준히 모색해왔음은 분명한 사실이다.

"다른 것은 몰라도"란, 이미 오래전부터 시인들의 고집과 천형을 나타내던 말이 아니던가.

이 도서의 국립중앙도서관 출판시도서목록(CIP)은 서지정보유통지원시스템 홈페이지(http://seoji.nl.go.kr)와 국가자료공동목록시스템(http://www.nl.go.kr/kolisnet)에서 이용하실 수 있습니다.(CIP제어번호: CIP2016018185)

시인동네 시인선 062

눈물을 두고 왔다

초판 1쇄 발행 2016년 8월 9일
초판 2쇄 발행 2016년 9월 13일
지은이 이진욱
펴낸이 고영
책임편집 류미야
디자인 헤이존
펴낸곳 문학의전당
출판등록 제311-2012-000043호
주소 서울시 은평구 연서로11길 7-5 401호
전화 02-852-1977 팩스 02-852-1978
전자우편 sbpoem@naver.com

ISBN 979-11-5896-269-2 03810